DU DEVOIR

DANS

LES TEMPS ACTUELS.

DU DEVOIR

DANS

LES TEMPS ACTUELS.

PAR M. L'ABBÉ F. DE LA MENNAIS.

Super muros Jerusalem constitui custodes; totâ die et totâ nocte in perpetuum non tacebunt. Qui reminiscimini Domini, ne taceatis, et ne detis ei silentium, donec stabiliat, et donec ponat Jerusalem laudem in terrâ.

ISAIE, *LXII*, 6 *et* 7.

PARIS.

LE NORMANT FILS, IMPRIMEUR DU ROI,

RUE DE SEINE, N° 8, PRÈS LE PONT DES ARTS.

MDCCCXXIII.

DU DEVOIR

DANS

LES TEMPS ACTUELS.

Toutes les fois que de grands intérêts, principalement de l'ordre spirituel, sont attaqués et défendus; lorsqu'on dispute aux hommes leurs croyances, la règle de leurs pensées et de leurs actions, en un mot les vérités dont se nourrissoit leur intelligence, et leur conscience même, une prodigieuse agitation règne dans la société. Des partis se forment, il s'établit une guerre terrible au sein des peuples; et ce n'est pas seulement un combat de doctrines, car les doctrines ne peuvent être ébranlées que tout ne s'ébranle, institutions, lois, mœurs. Dans ces crises effrayantes, il ne manque jamais de se trouver un certain nombre de ces *gens d'entre-d'eux* dont parle Pascal, indécis par timidité, indulgens par calcul, qui ne savent ni ce qu'ils pensent, ni ce qu'ils veulent, parce qu'ils n'ont pas la moindre idée de ce qu'on doit penser et vouloir. La foiblesse de leur caractère et le peu d'étendue de leur esprit les inclinent à croire qu'en toute contestation la sagesse consiste à se tenir également éloigné des opinions et des prétentions opposées, et que toute lutte, quel qu'en soit l'objet, doit se terminer par des concessions mutuelles ; ce qui suppose qu'on ne dispute jamais que des choses arbitraires, ou dont l'homme, en tout cas, a le droit de disposer comme il lui plaît.

Cette sorte de gens, la plus dangereuse peut-être quand il lui arrive d'être en pouvoir dans les temps difficiles, ne sert qu'à conduire avec moins de bruit les nations à leur ruine. Elle ne détruit pas, mais elle laisse détruire ; elle ne fonde rien, mais elle empêche de rien fonder et de rien réparer. Essentiellement inerte, ce qu'elle craint surtout, c'est l'action, parce qu'il n'y a point d'action sans résistance. Elle a peur du mouvement, peur de la force, peur de la vie ; et, cherchant un repos qui n'existe point, ou qui n'existe que dans le tombeau, elle ne veut pour doctrine que l'indifférence, pour ordre que ce qui est, le mal comme le bien, pour justice qu'une égale protection de ce bien et de ce mal, pour paix que le silence.

Et qu'on ne s'étonne point de l'ascendant que cette espèce d'hommes parvient quelquefois à obtenir dans la société. Lorsqu'un peuple, après de grands désastres, tarde à rentrer dans les voies d'où il étoit sorti, il perd peu à peu l'espérance, et jusqu'au souvenir d'un état meilleur. Le succès des méchans encourage leur audace et fait illusion sur leurs principes mêmes. Les bons, toujours sacrifiés, se lassent de combattre inutilement, et saisissent avec joie le premier prétexte qui leur est offert d'abandonner sans trop de honte une cause long-temps malheureuse. L'intérêt personnel multiplie les défections. Toutes les passions viles se réveillent. Les uns supputent ce que peut valoir ce qui leur reste d'honneur et de conscience; les autres s'endorment entre les débris de l'édifice social renversé, et s'irritent quand on essaie de les tirer de leur sommeil.

Ainsi tout va se corrompant : la raison publique s'affoiblit, les cœurs se dégradent; on s'étourdit sur le présent, on oublie l'avenir; et néanmoins il reste au fond des âmes une inquiétude vague et comme un sinistre pressentiment. Seuls tranquilles et inébranlables, les chrétiens trouvent dans leur doctrine, et l'explication de ce qu'ils voient, et la consolation de ce qu'ils craignent, et la garantie de ce qu'ils espèrent. Trop éclairés sur les causes et la gravité du mal pour s'imaginer, à l'exemple de quelques hommes aveuglés, qu'on rétablira l'ordre et qu'on sauvera le monde par les chétives combinaisons d'une politique aussi fausse qu'étroite, par des pactes avec les passions, les opinions, les intérêts et le crime même, ils n'attendent de tout cela que de plus grandes calamités, mais ils les attendent sans trouble; car ils savent que leur vraie patrie, la société religieuse dont ils sont membres, subsistera au milieu de ces vastes bouleversemens, et demeurera éternellement stable au milieu de ces ruines : ils savent que sa beauté ne sera que plus éclatante, par le constraste des sociétés difformes qui naîtront incessamment et se dissoudront autour d'elle ; ils savent enfin que le désordre, parvenu au terme fixé, y rencontrera la barrière qu'il lui est défendu de franchir. Alors finira le règne de l'homme, et commencera le règne de Dieu ; *et tempus omnis rei tunc erit.*

Soutenus par ces hautes pensées de la foi, les chrétiens ne se laissent ni séduire par les vaines espérances que les hommes mettent dans d'autres hommes, ni intimider par les revers, ni déconcerter par les obstacles que la violence ou la ruse ne cesse de leur opposer. Quand viendra le jour du triomphe, ils ne seront plus peut-être; mais qu'importe? Vaincre, ce n'est pas ce que Dieu leur commande; leur devoir est de combattre, voilà tout. Malheur à ceux qui, las de ce sacré combat, transigent avec le mal; ou dont les lâches désirs sont satisfaits pleinement par quelques heures de repos! Malheur à ceux *qui disent :*

la paix; la paix, lorsqu'il n'y a point de paix (1)!

Et n'est-ce pas là ce que nous entendons? Cette *parole de mensonge* ne frappe-t-elle pas à chaque instant notre oreille? La France, il y a peu d'années, retentissoit d'un autre cri; de toutes parts s'élevoient des voix courageuses pour signaler le vice des institutions, les abus du gouvernement, et pour en demander la réforme. Des hommes du plus haut rang et revêtus des plus hautes fonctions, ne crurent point s'abaisser en défendant la cause de la religion et de la société dans les feuilles publiques, seule tribune d'où l'on puisse, dans l'état actuel des mœurs, imprimer aux esprits un grand mouvement. En éclairant l'Europe, en ranimant le courage presque éteint des royalistes, en concentrant leurs forces, *le Conservateur* prouva combien est puissant ce

---

(1) *A minimo usque ad maximum, omnes avaritiam sequuntur : à prophetâ usque ad sacerdotem, cuncti faciunt mendacium. Et sanabant contritionem filiæ populi mei ad ignominiam dicentes : pax, pax, cùm non esset pax*. Jérém., VIII, 10 et 11.

moyen d'action. On lit peu les livres aujourd'hui, leur influence est très-circonscrite; mais les journaux pénètrent jusque dans les chaumières : ils y portent l'erreur ou la vérité, et ce sont eux qui en formant, en dirigeant l'opinion des peuples, et même leurs passions, disposent des destinées du monde. L'impiété s'en fait une arme, et la religion s'en aide. Sous ce rapport ils ne sont pas seulement une tribune, ils sont encore une chaire, et il n'est au-dessous de personne d'y monter.

Aussi, quand nous écrivions dans *le Conservateur* et dans *le Défenseur*, quelqu'un eut-il la pensée de nous en faire un sujet de blâme? Ne fûmes-nous pas, au contraire, encouragés par le suffrage universel des gens de bien? Or, depuis, que s'est-il passé qui puisse justifier un jugement divers, et nous dispenser de ce qu'alors on considéroit comme un devoir? Les journaux sont ce qu'ils étoient, et rien malheureusement n'a changé non plus dans le système du gouvernement. Quelques hommes ont cédé leurs places à d'autres hommes, et ceux-ci ont dit, tout est bien, voilà la révolution finie.

Il étoit, nous le croyons, permis aux royalistes de ne pas entièrement partager une confiance si prompte, et d'être moins enivrés d'un premier succès. Les portefeuilles c'étoit quelque chose, mais ce n'étoit pas tout pour tout le monde, et l'on pouvoit encore désirer quelque chose de plus. Voyons si les royalistes, en exprimant leurs vœux, ont dépassé les bornes des convenances et de la raison.

La première chose qu'ils demandèrent, ce fut que la France s'armât contre la révolution d'Espagne, afin de sauver l'Europe des nouveaux désastres qui la menaçoient. On se rappelle avec quelle chaleur et quelle obstination les ministres résistèrent à ce conseil de la sagesse, et, on peut le dire aujourd'hui, à cet ordre de la nécessité. Il leur fallut céder pourtant à l'opinion publique, aux événemens qui se pressoient pour justifier les prévoyances de ceux que leurs agens appeloient les *fanatiques*. Considérez maintenant les résultats de la guerre entreprise avec tant de répugnance par le ministère, et jugez entre lui et ces *fanatiques* si injuriés. L'Espagne leur a dû son roi, sa religion, le retour de l'ordre et de la paix, et l'Europe sa sécurité.

Qu'ont-ils demandé encore? Que le royaume très-chrétien cessât d'être *régi par des lois impies*. Tous les membres de la droite ont énoncé le même vœu : oseroit-on le taxer d'exagération? Faudroit-il absolument, pour complaire aux ministres, être satisfait d'une législation déclarée *impie* par les députés de la France? Et seroit-il possible qu'ils se crussent attaqués personnellement toutes les fois qu'on réclame en faveur de la religion et des droits de Dieu!

Nous aimons à penser qu'au moins on ne leur est pas importun lorsqu'on rappelle à leur souvenir d'illustres infortunes qu'ont partagées plusieurs d'entre eux. Il y a neuf ans que la fidélité, dépouillée de tout, attend un morceau de pain. Ce n'est pas trop, ce semble, quand on a donné son sang. Puisse le ministère en juger ainsi!

Mais, s'il ne s'est point jusqu'à présent

expliqué sur cette question, il en est d'autres sur lesquelles on ne lui reprochera certainement pas de s'être montré indécis ou indifférent. L'éducation publique, telle à peu près que la révolution nous l'a léguée, est sans contredit une des plaies les plus effrayantes de l'époque actuelle. Même, après avoir lu la lettre que nous avons adressée à Mgr l'évêque d'Hermopolis, on ne peut se faire qu'une très-foible idée de l'état des écoles. Nous ne le connoissions encore qu'imparfaitement nous-mêmes, lorsque nous écrivîmes cette lettre. De tous les points de la France, il nous est parvenu depuis des documens qui ne prouvent que trop à quel point une réforme est indispensable. Des excès qu'on étoit presque fondé à croire impossibles, sont multipliés au-delà de tout ce qu'on peut se représenter. L'esprit de l'institution radicalement mauvais, et qui remonte à des temps déjà loin de nous, prévaut sur les efforts des bons maîtres. Nous le répétons, le mal est extrême, et nous bénissons Dieu tous les jours de nous avoir inspiré le courage de révéler ce qui devoit être su, pour qu'on s'occupât d'y remédier. Déjà quelques actes éclatans dans lesquels on reconnoît le zèle éclairé du grand-maître, ont montré qu'il ne craint pas *de s'expliquer quand le moment est venu*, et les plus incrédules doivent maintenant savoir si nous avons rien avancé qui ne fût rigoureusement vrai. Qu'importent les déclamations, les injures? Le but que nous nous proposions, nous l'avons atteint. Le grand-maître a trouvé dans l'opinion publique une force nouvelle dont nous le voyons déjà faire usage ; et les familles, averties par les clameurs mêmes que notre lettre a excitées dans certains partis, apporteront désormais une attention plus sérieuse au choix des instituteurs auxquels elles confient leurs enfans. Un dépôt si précieux tombera moins souvent en des mains indignes : peut-être quelques âmes de plus se sauveront.

Voilà quel étoit notre unique désir; et le ministère, en nous traduisant devant les tribunaux, a contribué de son mieux à l'effet que nous voulions produire. On s'est demandé ce que c'étoit donc que les écoles si singulièrement protégées, et d'innombrables révélations sont venues l'apprendre à ceux qui l'ignoroient encore. Un tribunal inférieur, astreint à juger selon la lettre d'une loi renouvelée de Buonaparte (1), a bien pu, a dû peut-être en un certain sens, déclarer que l'Université avoit été *diffamée*, mais jamais il n'a pu dire qu'on l'avoit *calomniée*. Les paroles les plus sévères, ce n'est pas nous qui les avons prononcées : elles sont, ainsi qu'il convenoit, sorties de la bouche des premiers pasteurs qui doivent plus spécialement la vérité aux peuples, et qui ont une plus grande autorité pour l'annoncer. Deux jours avant la publication de notre lettre à Mgr d'Hermopolis, un prélat vénérable s'exprimoit en ces termes, dans un Mandement qui restera comme un monument de son zèle et de la sainte liberté du sacerdoce chrétien :

« Il existoit autrefois de respectables ins-
» tituteurs qui, soumis à l'autorité épiscopale,

(1) Cette loi n'admet de preuves que celles qui résultent d'un jugement antérieur ou d'actes notariés.

» conservoient la pureté des mœurs, la fidélité
» au prince, le respect pour la religion et les
» lois ; mais depuis l'époque funeste où l'im-
» piété a jeté dans tous les cœurs le mépris
» des anciennes maximes, nous voyons avec
» douleur ces hommes utiles disparoître in-
» sensiblement ; l'esprit d'orgueil et de ré-
» volte a remplacé l'antique soumission ; et, au
» lieu de trouver en eux des soutiens et des
» coopérateurs, nos pasteurs n'y rencontrent
» bien souvent que des adversaires opi-
» niâtres......

» Plus l'impiété fait d'efforts pour nous
» arracher l'enfance et la jeunesse, cette por-
» tion chérie de notre troupeau, plus nous
» devons redoubler de zèle et de vigilance
» pour la soustraire à ses coups meurtriers.
» Il semble que jusqu'à ces derniers temps,
» elle eût dédaigné ces foibles et innocentes
» victimes ; mais aujourd'hui c'est en elle sur-
» tout qu'elle a placé son espoir ; *c'est sur la*
» *dégradation de ses mœurs, sur l'anéantis-*
» *sement de sa foi, sur l'absence de tout sen-*

» *timent vertueux*, qu'elle ose espérer de » raffermir son empire ébranlé (1). »

Certes, il n'y a pas lieu d'être surpris qu'un chrétien, un prêtre s'efforce, autant qu'il est en lui, de prévenir de si grands maux, de détourner de notre patrie un avenir aussi désolant. C'est le commun devoir de tous ceux qui tiennent encore à la société par quelque lien. Quoi! l'impiété, chaque jour, étend parmi nous ses ravages; ce que le monde n'avoit jamais vu, Dieu est banni des lois; l'enfance apprend à le mépriser, avant d'avoir appris à le connoître; on essaie de former des peuples sans croyances publiques, sans législation divine, à l'aide d'une police purement humaine et d'un pouvoir purement humain; on ne connoît plus, on ne veut plus connoître que les intérêts matériels, oubliant tout ce qui fait la véritable vie des nations; sous le prétexte de je ne sais quels *besoins* nouveaux,

---

(1) Mandement de Mgr l'évêque d'Amiens, concernant l'établissement d'une maison de Frères, etc., pag. 3 et 4.

on les dépouille de leur existence morale ; on hâte avec ardeur le moment où elles ne seront qu'un informe assemblage d'individus isolés ; on s'oppose à la perpétuité de la famille ; on divise, on dissout tout ce qui tend à s'unir, tout ce qui, par conséquent, est social ; on protège, on excite la cupidité, on établit le règne de l'or, seule puissance qui soit aujourd'hui respectée ; on adopte la révolution, ses lois, ses systèmes, ses œuvres ; on consacre ses maximes ; on ébranle par là même le christianisme dans ses fondemens : et il sera permis de se taire ! et parce que la vérité déplaît à quelques hommes, il faudra la tenir captive ! Non, non, qu'ils ne l'espèrent pas. Si, par de vils moyens de corruption et par de basses intrigues, ils sont parvenus à étouffer momentanément notre voix, leur triomphe sera de peu de durée. Le cri de la conscience sait toujours s'ouvrir un passage ; toujours la vérité se suscitera des défenseurs ; on les outragera, on les poursuivra, on croira les avoir vaincus ; d'autres leur succéderont , car voici ce qui est écrit : « Jérusalem ! j'ai posé des gardes

» sur tes murs ; et, ni le jour, ni la nuit, à ja-
» mais, ils ne se tairont. Vous qui vous souve-
» nez du Seigneur, ne vous taisez point, ne
» gardez point le silence, jusqu'à ce que son
» règne s'affermisse, et que sa louange soit
» célébrée dans toute la terre (1). »

(1) Isaie, LXII, 6-7.

www.ingramcontent.com/pod-product-compliance
Lightning Source LLC
LaVergne TN
LVHW020506230826
846091LV00008BA/3365